DESAFIOS CULINÁRIOS

Copyright © 2018 Alaúde Editorial Ltda.

Todos os direitos reservados. Nenhuma parte desta edição pode ser utilizada ou reproduzida – em qualquer meio ou forma, seja mecânico ou eletrônico –, nem apropriada ou estocada em sistema de banco de dados sem a expressa autorização da editora.

O texto deste livro foi fixado conforme o acordo ortográfico vigente no Brasil desde 1º de janeiro de 2009.

Coordenação editorial: Bia Nunes de Sousa
Revisão: Claudia Vilas Gomes
Capa, projeto gráfico e colagens: Amanda Cestaro
Créditos das imagens: Todas as imagens usadas nas colagens foram obtidas no banco ShutterStock.com
Impressão e acabamento: Ipsis Gráfica e Editora S/A

1ª edição, 2018
Impresso no Brasil

Dados Internacionais de Catalogação na Publicação (CIP)
(Câmara Brasileira do Livro, SP, Brasil)

Desafios culinários : missões (im)possíveis para
conquistar panelas e paladares / [Equipe
editorial]. -- São Paulo : Alaúde Editorial, 2018.

ISBN 978-85-7881-508-0

1. Culinária (Receitas) 2. Gastronomia

18-13012 CDD-641.5

Índices para catálogo sistemático:
1. Receitas : Culinária : Economia doméstica 641.5

2018
Alaúde Editorial Ltda.
Avenida Paulista, 1337, conjunto 11
São Paulo, SP, 01311-200
Tel.: (11) 5572-9474
www.alaude.com.br

DESAFIOS CULINÁRIOS

Missões impossíveis para conquistar panelas e paladares

Editora ALAÚDE

SUMÁRIO

6 Introdução

7 Sobre os desafiantes

9 **DESAFIO #1: SOBREMESAS SEM AÇÚCAR**

17 **DESAFIO #2: QUEIJOS SEM LEITE**

25 **DESAFIO #3: FESTA INFANTIL SEM GORDICE**

33 **DESAFIO #4: TRÊS RECEITAS DE UMA PANELA SÓ**

41 **DESAFIO #5: REFEIÇÃO SALGADA USANDO FRUTAS**

49 **DESAFIO #6: BOLO SEM OVO E SEM FARINHA DE TRIGO**

57 **DESAFIO #7: FAST FOOD SEM JUNK FOOD**

65 **DESAFIO #8: RISOTO SEM ARROZ**

71 **DESAFIO #9: COMIDA DE CHEF COM PREÇO DE PF**

79 **DESAFIO #10: USAR E ABUSAR DE UM PACOTE DE ERVILHAS**

87 **DESAFIO #11: RECEITAS COM CHÁ**

95 **DESAFIO #12: UM ALMOÇO COM CASCAS, FOLHAS E TALOS**

103 **DESAFIO #13: TRÊS CLÁSSICOS COM TRÊS INGREDIENTES**

111 **DESAFIO #14: CHURRASCO SEM CARNE**

119 **DESAFIO #15: UM BOLO DE TRÊS ANDARES**

126 Índice

INTRODUÇÃO

Em toda família tem alguém que arrasa nos almoços de domingos e nas festas de Natal e sempre diz que cozinhar tudo aquilo não dá trabalho nenhum. E em todo grupo de amigos tem aquele que oferece jantares maravilhosos e faz comidinhas incríveis, mesmo que seja para um happy hour rápido durante a semana.

Se você é essa pessoa, parabéns! Você está sendo desafiado a cumprir tarefas tão deliciosas quanto divertidas. Nas próximas páginas, nossa equipe reuniu 15 desafios para os cozinheiros mais destemidos e intrépidos. Mas é claro que a gente vai dar uma ajudinha: um time de chefs, cozinheiros e blogueiros separaram receitas inspiradoras e que podem servir de ponto de partida para você.

Agora, se você não sabe diferenciar uma wok de uma sauteuse, incentive o seu parente ou o seu amigo a cumprir as tarefas aqui propostas e fique com a melhor parte destes desafios: a degustação!

E não se esqueça de compartilhar conosco o resultado com a hashtag #DesafiosCulinarios.

Boa sorte e bom apetite!

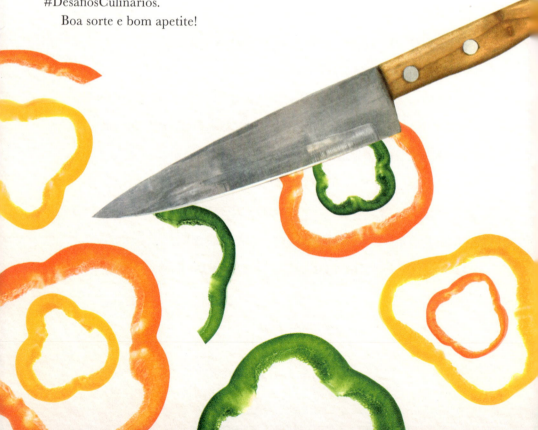

SOBRE OS DESAFIANTES

ANA SPENGLER é chef de cozinha, banqueteira, food stylist e especialista em chás. 🔲 aninhaspengler

ANDRÉ FRONZA é o criador do blog Tempero alternativo, especializado em alimentação vegana e natural. 🔲 tempero_alternativo

CRISTAL MUNIZ compartilha suas experiências para reduzir ao máximo a produção de resíduos no blog Um ano sem lixo. 🔲 umanosemlixo

FRANCIELE OLIVEIRA é confeiteira e divulga suas doces criações no blog Flamboesa. 🔲 flamboesa

GABI MAHAMUD cria receitas saudáveis em seu blog Flor de Sal e atua em diversos projetos sociais que envolvem culinária e sustentabilidade. 🔲 gabimahamud

IZABEL ALVARES foi a vencedora do MasterChef Brasil 2015 e é chef de cozinha especializada em receitas low carb. 🔲 izabel_alvares

JULIA GUEDES produz conteúdo gastronômico para diversas marcas e cria receitas saudáveis para o seu blog Herbivoraz. 🔲 herbivorazblog

MONICA WAGNER é uma das maiores influenciadoras digitais de estilo de vida leve e saudável. 🔲 monicawwagner

NATALIA WERUTSKY é nutricionista, chef formada pelo Natural Gourmet Institute e professora de culinária saudável para pequenos grupos. 🔲 natalia werutsky

PATI BIANCO compartilha receitas salgadas e doces no blog Fru-fruta, além de dicas de estilo de vida. 🔲 frufruta

ROBERTA MALTA SALDANHA é jornalista, pesquisadora de gastronomia e autora de diversos livros sobre o assunto. 🔲 robertamsaldanha

DESAFIO #1

SOBREMESAS SEM AÇÚCAR

O que vem à cabeça quando falamos em doces? Açúcar, claro! Logo a gente pensa no açúcar refinado, pois parece impossível preparar uma sobremesa gostosa sem usar esse controverso pozinho branco. E é aí que entra em cena a Gabi Mahamud, criadora do blog Flor de Sal e do projeto Good Truck. Viciada em receitas saudáveis, Gabi criou três sobremesas de arrasar. Seguindo direitinho a receita, cumprir este desafio vai ser mamão com açúcar.

TORTA DE CHOCOLATE

RENDE 16 PORÇÕES

INGREDIENTES

Crosta
1 xícara de farinha de trigo integral
⅓ de xícara de farelo de aveia (ou outra farinha)
⅓ de xícara de farinha de amendoim (veja dica)
uma pitada de sal e canela
⅓ de xícara de cacau em pó
⅓ de xícara de azeite
⅓ de xícara de melado de cana
½ colher (chá) de bicarbonato de sódio

Recheio
150 g de chocolate amargo derretido
1 colher (sopa) de café solúvel
150 g de tofu (aproximadamente 1 xícara)
1 xícara de leite de coco espesso
2 colheres (sopa) de melado de cana
2 colheres (sopa) de cacau em pó
frutas a gosto (pêssego, ameixa, kiwi e framboesa, por exemplo)

PREPARO

1. Preaqueça o forno.
2. Prepare a crosta. Em um recipiente, misture a farinha de trigo, o farelo de aveia, a farinha de amendoim, o cacau, o sal e a canela. Acrescente o azeite e misture delicadamente até que toda a farinha esteja úmida. Adicione o melado de cana e o bicarbonato e incorpore até obter uma massa uniforme. Deixe a massa descansar na geladeira por uns 30 minutos.
3. Abra a massa numa fôrma untada (ou forrada com papel-manteiga) modelando com a ajuda dos dedos. Faça furos com um garfo e leve pra assar a 200°C por aproximadamente 35 minutos.
4. Para preparar o recheio, em banho-maria, derreta o chocolate amargo com o café e reserve.
5. Em um liquidificador ou processador, bata o tofu com o leite de coco até obter um creme liso e homogêneo – nessa etapa você já pode adicionar o melado e o cacau, se preferir. Facilita bastante; se não, misture logo depois com a ajuda de um fouet.
6. Despeje o creme de tofu no chocolate e misture bem.
7. Depois que a massa estiver assada e já em temperatura ambiente, coloque o recheio e leve a torta para a geladeira. Deixe gelar até que o recheio esteja firme (entre 1 e 2 horas).
8. Higienize as frutas e ervas que você escolheu e, depois que a torta estiver gelada, decore e sirva.

DICA

Para obter a farinha de amendoim, ou de qualquer outra oleaginosa, processe o ingrediente até vir um pozinho fino, ou desidrate o resíduo de seu leite vegetal.

Se quiser uma versão sem glúten, experimente usar farinha de aveia sem glúten, ou a de grão-de-bico, por exemplo, acrescentando 2 colheres (sopa) de algum amido (fécula de batata, polvilho...) ou farinha de linhaça/chia/psyllium para ajudar na liga.

Use o leite de coco comprado pronto, por causa da consistência.

CRUMBLE DE MAÇÃ, AMEIXA E FRUTAS VERMELHAS

RENDE 6 PORÇÕES

INGREDIENTES

Compota
6 maçãs médias cortadas em fatias bem fininhas
2 ameixas também cortadas em finas fatias
¼ de xícara de mirtilos
¼ de xícara de framboesas
1 xícara de água
1 colher (chá) de essência de baunilha
1 colher (sopa) de suco de limão
1 colher (chá) de canela em pó

Crumble
1 xícara de farinha de aveia
½ xícara de farinha de amêndoas (pode ser mais de aveia)
¼ de xícara de farinha de linhaça ou chia
3 colheres (sopa) de melado de cana
¼ de xícara de azeite
1 colher (chá) de canela em pó
uma pitada de noz-moscada e sal
nozes e castanhas a gosto

PREPARO

1. Preaqueça o forno a mais ou menos 220 °C.
2. Em um recipiente, misture todos os ingredientes do crumble e vá mexendo até que vire uma farofa meio seca. Reserve.
3. Em um refratário de vidro ou potinhos individuais, vá colocando as fatias de maçã, depois as de ameixa e, por último, as frutas vermelhas.
4. Na xícara de água, misture a essência de baunilha, o limão e a canela. Despeje a mistura por cima das frutas.
5. Finalize com a farofinha – cubra toda a superfície – e leve para assar em forno médio por aproximadamente 45 minutos (ou até que a água seque por completo, cozinhando as frutas).

DICA Cuidado com a quantidade de água, nunca deixe que as frutas fiquem submersas. O limite é um dedo abaixo das frutas (ou meio dedo, para porções individuais). Se você utilizar forminhas individuais, o tempo de forno será menor, fique atento.

BOLO NA TAÇA

RENDE 6 PORÇÕES

INGREDIENTES

Massa
1 xícara de farinha de trigo integral
1 xícara de farinha de amêndoas (ou coco, ou mais farinha de trigo)
½ xícara de cacau em pó (sem açúcar)
1 xícara de açúcar mascavo
uma pitada de sal marinho
uma pitadinha de canela
½ xícara de azeite
1 colher (sopa) de vinagre de maçã
2 xícaras de água
1 colher (sopa) de fermento químico em pó

Recheio
300 g de chocolate amargo
1½ xícara de leite de coco
uma pitada de cardamomo em pó
kiwi ou outra fruta azedinha

PREPARO

1. Preaqueça o forno a 180 °C. Unte uma fôrma redonda de 23 cm, ou proporcional retangular.

2. Em um recipiente, misture os ingredientes secos da massa, exceto o fermento. Em outro recipiente misture bem o azeite, o vinagre e a água. Com a ajuda de uma colher ou fouet, misture com cuidado os ingredientes líquidos ao secos. Acrescente o fermento e incorpore à massa, com bastante cuidado.

3. Despeje a massa na fôrma e coloque no forno para assar por aproximadamente 35 minutos. Não abra o forno nos primeiros 30 minutos para o bolo não desandar. Espere o bolo esfriar um pouco antes de desenformar.

4. Para fazer o recheio, derreta o chocolate em banho-maria. Quando estiver bem derretido, acrescente o leite de coco e o cardamomo. Misture bem até virar uma calda homogênea.

5. Para montar, corte fatias de kiwi, ou outra fruta azedinha, e posicione na taça. Coloque pedaços do bolo até a metade, intercale com a calda de chocolate. Finalize com o suspiro e, se tiver como, maçarique até ficar douradinho.

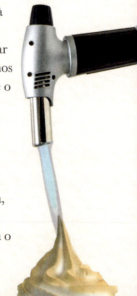

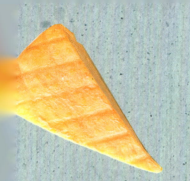

DESAFIO #2

QUEIJOS SEM LEITE

Tá bem, vá lá: chamar estas receitas de "queijo" pode não ser a denominação mais correta, mas tornou-se um costume porque o resultado final apresenta textura e sabor muito parecidos com os do queijo tradicional. Um prato cheio para quem tem intolerância à lactose! Neste desafio, a blogueira Julia Guedes, do Herbivoraz, traz duas receitas à base de castanhas que fazem bonito na hora dos queijos e vinhos, além de uma incrível versão de cheddar que vai deixar até o mexicano mais tradicionalista de queixo caído.

RICOTA DE MACADÂMIA

RENDE 1½ XÍCARA

INGREDIENTES

1½ xícara de macadâmia crua sem sal
½ xícara de água
suco de ½ limão
1 colher (chá) de sal
1 colher (sopa) de azeite de oliva extra virgem
1 maço de manjericão fresco (só as folhas)

PREPARO

1. Processe todos os ingredientes no processador, com exceção do manjericão fresco e do azeite. Verifique o sabor e, se necessário, adicione mais sal ou limão, de acordo com sua preferência.
2. Adicione o azeite e o manjericão fresco cortado em pequenos pedaços à ricota e sirva.

DICA

Quanto mais água você usar, mais cremosa a ricota vai ficar. Mas cuidado para não exagerar na quantidade e ficar pastosa. Na geladeira, dura uns 5 dias.

CHEDDAR DE ABÓBORA

RENDE 2 XÍCARAS

INGREDIENTES

1 abóbora paulista pequena
4 colheres (sopa) de azeite
sal a gosto
½ xícara de castanha-de-caju crua demolhada e escorrida
½ cebola picada
2 dentes de alho picados
1 pimenta dedo-de-moça sem sementes e picada
2 colheres (chá) de mostarda
1 colher (chá) de shoyu
2 colheres (chá) de missô
1 colher (chá) de páprica defumada
1 colher (chá) de cominho em pó
2 colheres (chá) de levedura nutricional
2 colheres (chá) de fumaça líquida
suco de ½ limão
cebolinha picada a gosto

PREPARO

1. Preaqueça o forno a 180 °C.
2. Corte a abóbora ao meio no sentido do comprimento. Regue a polpa com metade do azeite e tempere com sal.
3. Coloque a abóbora em uma assadeira antiaderente ou untada com azeite com a polpa virada para baixo. Cubra com papel-alumínio e asse por cerca de 20 minutos.
4. Enquanto isso, coloque a castanha-de-caju no processador e bata por 6 minutos ou até obter um creme liso e sem pedaços. Reserve.
5. Aqueça o restante do azeite em uma frigideira em fogo médio. Doure a cebola e depois o alho e a pimenta dedo-de-moça. Desligue o fogo e reserve.
6. Quando estiver cozida, tire a abóbora do forno e, com a ajuda de uma colher, separe as sementes e descarte. Raspe toda a polpa da abóbora e junte ao creme de castanha-de-caju no processador. Adicione também o refogado de cebola e o restante dos ingredientes. Bata até que todos os ingredientes estejam bem incorporados.

QUEIJO PARMESÃO RALADO

RENDE 2 XÍCARAS

INGREDIENTES

1 xícara de castanhas-de-caju
1/3 de xícara de amêndoa sem casca
1/3 de xícara de castanha-do-pará
1/3 de xícara de amendoim
1 colher (chá) de alho em pó
1 colher (chá) de mostarda em pó
1 colher (chá) de sal
1/2 colher (chá) de levedura nutricional

PREPARO

1. Coloque todos os ingredientes no processador (ou no liquidificador) e triture tudo por, no máximo, 2 minutos para manter alguns pedacinhos maiores.
2. Guarde em um recipiente de vidro com tampa na geladeira por 4 dias.

DICA

Esta receita leva poucos ingredientes e é muito fácil de fazer. Claro que não tem o mesmo gosto do parmesão tradicional, mas chega bem perto por causa da levedura nutricional, que tem um sabor que lembra o do queijo.

DESAFIO #3

FESTA INFANTIL SEM GORDICE

Tem muito adulto que adora festa de criança só por causa das comidinhas. Se esse é o seu caso, relaxe, você não está sozinho. Mas é sempre bom a gente mostrar para a molecada que nem só de brigadeiro vive uma festinha, né? Neste desafio, a chef Natália Werutsky – que também é nutricionista e mãe de duas crianças muito fofas – apresenta um bolo, um salgadinho e um docinho que deixam a gordice de lado e presenteiam os convidados com muito sabor.

TRUFA DE CHOCOLATE

RENDE 20 UNIDADES

INGREDIENTES

1 ¼ xícara (chá) de nozes cruas (não deixar de molho)
2 colheres (sopa) de cacau em pó
⅛ de colher (chá) de sal marinho
½ xícara de sementes de cacau (nibs de cacau)
4 tâmaras grandes, macias e sem caroço picadas
2 colheres (sopa) de mel
1 colher (sopa) de óleo de coco derretido

PREPARO

1. No processador triture as nozes, cacau em pó e o sal marinho Adicione o cacau em grãos e processe, mas deixe alguns pedaços. Acrescente as tâmaras e triture bem.
2. Adicione o mel e o óleo de coco e processe até que a massa fique consistente e se prenda na lateral do processador. Se ficar muito seca, adicione um pouco de água.
3. Enrole no formato de trufas. Leva a geladeira por 1 hora antes de servir. Pode passar no cacau se quiser.

BOLO DE CHOCOLATE

RENDE 10 PORÇÕES

INGREDIENTES

Massa
1 xícara de açúcar demerara
1 xícara de açúcar mascavo
1 xícara de óleo de coco
3 ovos, gemas e claras separadas
1 ½ xícara de farinha de arroz
¼ de xícara de polvilho doce
¼ de xícara de fécula de batata
1 colher (chá) de goma xantana
3 colheres (sopa) de cacau em pó
½ colher (chá) de bicarbonato de sódio
½ colher (chá) de canela em pó
2 xícaras de leite de arroz
uma pitada de sal marinho
1 colher (sopa) de fermento químico em pó
½ colher (chá) de vinagre de maçã

Calda
½ xícara de água
2 colheres (sopa) de açúcar de confeiteiro
200 g de chocolate em barra

PREPARO

1. Preaqueça o forno a 180 °C e unte uma fôrma redonda média de fundo falso com óleo e farinha de arroz.
2. Na batedeira bata os dois tipos de açúcar e o óleo de coco até obter um creme pálido. Adicione as gemas, uma a uma, e bata mais um pouco para incorporar tudo.
3. Em uma tigela, coloque os ingredientes secos (menos o fermento) e misture. Alternadamente e aos poucos, despeje o creme de gemas e o leite de arroz, misturando com um batedor de arame para incorporar bem.
4. Em outra tigela, bata as claras em neve com uma pitada de sal até obter picos firmes. Despeje ⅓ na tigela com a massa e misture delicadamente, fazendo movimentos circulares de baixo para cima, até incorporar. Junte o restante das claras e misture de novo. Acrescente o fermento e o vinagre e misture mais uma vez.
5. Transfira para a fôrma preparada, leve para assar por 35 minutos ou até o palito sair limpo.
6. Enquanto isso, prepare a calda. Em uma panela coloque a água e ferva. Reduza o fogo e adicione o açúcar e o chocolate. Mexa até ficar uma calda lisa e homogênea. Regue sobre o bolo morno.

MINICUSCUZ DE ALCACHOFRA E BANANA

RENDE 6 PORÇÕES

INGREDIENTES

½ xícara de cebola picada
1 dente de alho, sem casca e sem o germe, amassado
1 xícara de fundo de alcachofra, cortado em fatias
2 colheres (sopa) de azeite extra virgem
1 xícara de banana-nanica, sem casca, cortada em rodelas
1 colher (chá) de sal marinho
2½ xícaras de farinha de milho
2 xícaras de molho de tomate
1 colher (sopa) de salsa picada
2 colheres (sopa) de cebolinha picada
6 pimentas biquinho

PREPARO

1. Em uma panela, refogue a cebola, o alho e o fundo de alcachofra no azeite até a alcachofra começar a ficar ligeiramente dourada.
2. Adicione a banana, tempere com o sal e refogue por mais 2 minutos. Acrescente a farinha de milho, misture e cozinhe 2 minutos.
3. Acrescente o molho de tomate e cozinhe mais 5 minutos (se necessário, use mais molho se ficar muito seco, pois a massa precisa ficar ligeiramente úmida). Desligue o fogo e acrescente a salsa e a cebolinha.
4. Coloque em forminhas pequenas com furo no meio. Desenforme com cuidado e decore com a pimenta biquinho.

DESAFIO #4

TRÊS RECEITAS DE UMA PANELA SÓ

Chegar em casa depois do trabalho ou da faculdade morrendo de preguiça de preparar o jantar: quem nunca? Parece mais fácil pedir uma pizza ou comer um sanduíche. Então, receba as boas-vindas ao desafio mais fácil deste livro. Sabia que, usando uma panela comum, a panela de pressão ou uma assadeira, é possível cozinhar uma refeição num piscar de olhos? E o melhor, com (quase) zero trabalho. Vire a página e descubra por você mesmo.

MACARRÃO THAI

RENDE 4 PORÇÕES

INGREDIENTES

- 400 g de fettuccine, bavette, espaguete ou outra massa longa
- 4 xícaras de caldo de legumes
- ½ xícara de água
- 1 colher (sopa) de açúcar mascavo
- 4 dentes de alho sem casca fatiados
- 1 colher (sopa) de pasta de tamarindo
- 1 colher (sopa) de shoyu
- ½ colher (chá) de pimenta calabresa (em flocos)
- 1 pedaço de 5 cm de gengibre sem casca fatiado
- 1 cenoura grande sem casca cortada em cubinhos
- 1 pimentão vermelho sem sementes cortado em tirinhas finas
- 3 cebolinhas cortadas em rodelas
- 1 xícara de amendoim sem casca torrado com sal picado
- 2 colheres (sopa) de pasta de amendoim sem açúcar
- sal a gosto
- 1 maço de coentro fresco (só as folhas) picado
- suco de 1 limão-taiti

PREPARO

1. Coloque todos os ingredientes, menos o coentro e o suco de limão, em uma panela grande. Tampe e leve ao fogo até ferver. Reduza para fogo baixo e cozinhe, tampado, por 10 minutos, mexendo de vez em quando. Cozinhe até o macarrão ficar al dente – isto é, macio por fora e ainda firme quando morder – e quase todo o líquido se evaporar.
2. Desligue o fogo. Acerte o sal e mexa bem para incorporar o restante do líquido que sobrar no fundo da panela. Retire as fatias de gengibre, misture o coentro e o suco de limão e sirva em seguida.

DICA

Se não encontrar a pasta de tamarindo, substitua por ½ colher (sopa) de suco de limão e aumente a quantidade de açúcar mascavo para 1½ colher (sopa). Se quiser, antes de servir, decore com broto de feijão e amendoins torrados e salgados.

MIX MAR E TERRA

RENDE 4 PORÇÕES

INGREDIENTES

4 filés de salmão (150-200 g cada) com pele
8 camarões grandes com cabeça e casca
1 maço de aspargos verdes
1 limão-siciliano
1 pimenta dedo-de-moça
1 maço pequeno de coentro (só as folhas)
8 filés de anchova em conserva
4 dentes de alho
sal e pimenta-do-reino a gosto
1 bandeja de tomates cereja
4 fatias de pancetta ou bacon

PREPARO

1. Preaqueça o forno a 200 °C.
2. Coloque os filés de salmão e os camarões em uma assadeira grande. Retire e descarte as extremidades mais duras dos aspargos e adicione as pontas à assadeira.
3. Corte o limão em quatro. Corte a pimenta ao meio no sentido do comprimento, retire e descarte as sementes e pique bem miudinho. Pique as folhas de coentro. Junte tudo a assadeira.
4. Regue tudo com um pouco do óleo das anchovas e desmanche os filés de anchova com os dedos, espalhando sobre a assadeira.
5. Esmague os dentes de alho com a base da mão, para romper as cascas e amassar ligeiramente a polpa; junte-os à assadeira.
6. Corte os tomates ao meio e distribua na assadeira. Regue tudo com um fio de azeite, tempere com sal e pimenta--do-reino e, por fim, disponha as fatias de pancetta.
7. Leve ao forno e asse por 10 minutos, ou até o peixe assar e a pancetta ficar crocante.

DICA

Sirva com batatas bolinha cozidas e um molho de ervas: pique 1 maço de salsinha e 2 colheres (sopa) de alcaparras; misture com 3 colheres (sopa) de azeite, 1 colher (sopa) de vinagre, 1 colher (sopa) de mostarda e está pronto!

RISOTO DE COGUMELOS

RENDE 4 PORÇÕES

INGREDIENTES

- ¼ de xícara de azeite
- 50 g de manteiga
- 400 g de cogumelos variados (shiitake, portobello, shimeji, paris) fatiados
- sal e pimenta-do-reino a gosto
- 1 cebola média bem picada
- 2 dentes de alho sem casca bem picados
- 1 xícara de arroz para risoto (arborio, carnaroli ou vialone nano)
- 2 colheres (chá) de shoyu
- 1 colher (chá) de missô claro (shiro miso)
- ½ xícara de vinho branco seco
- 3 xícaras de caldo caseiro de legumes ou de galinha
- ¼ de xícara de creme de leite fresco (opcional)
- 2 colheres (sopa) de queijo parmesão ralado, e mais um pouco para servir
- salsinha fresca picada a gosto

PREPARO

1 Coloque o azeite e a manteiga na panela de pressão e leve ao fogo alto até a manteiga derreter e começar a espumar ligeiramente. Junte os cogumelos, tempere com sal e pimenta e cozinhe por 8 a 10 minutos, mexendo de vez em quando, até o líquido secar e os cogumelos dourarem.

2 Junte a cebola, e o alho e cozinhe por mais 4 ou 5 minutos, até a cebola ficar macia. Adicione o arroz e mexa bem, para envolver todos os grãos na mistura de azeite e manteiga. Cozinhe até os grãos começarem a ficar transparentes nas bordas, mas ainda branquinhos no centro. Acrescente o shoyu e o missô e misture até incorporar.

3 Despeje o vinho e cozinhe por 2 minutos, o suficiente para a maior parte do álcool evaporar e restar apenas o sabor.

4 Despeje o caldo e misture. Feche a panela e reduza para fogo baixo. Quando a panela começar a chiar, conte 5 minutos e desligue o fogo.

5 Apoie um garfo sobre a tampa da panela de forma a levantar o pino, liberar a pressão e soltar o vapor. Faça isso a uma certa distância, para não ficar na direção do jato de vapor. Certifique-se de que todo o vapor saiu antes de passar para o próximo passo.

6 Abra a panela de pressão e misture vigorosamente o arroz e o líquido do cozimento até incorporar bem (isso deixa o arroz mais cremoso). Adicione o creme de leite (se for usar), o queijo ralado e a salsinha picada. Misture e sirva em seguida.

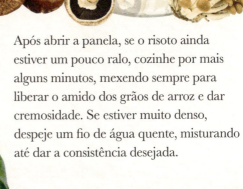

DICA

Após abrir a panela, se o risoto ainda estiver um pouco ralo, cozinhe por mais alguns minutos, mexendo sempre para liberar o amido dos grãos de arroz e dar cremosidade. Se estiver muito denso, despeje um fio de água quente, misturando até dar a consistência desejada.

DESAFIO #5

REFEIÇÃO SALGADA USANDO FRUTAS

Se você acha que fruta só serve para fazer sobremesas, está muito enganado! O blogueiro André Fronza, do blog Tempero Alternativo, mostra que as frutas vão da entrada ao prato principal e ainda estrelam um chutney que é um coringa na cozinha. Está na hora de descascar o abacaxi e encarar este desafio!

CEVICHE TROPICAL DE BANANA-DA-TERRA

RENDE 4 PORÇÕES

INGREDIENTES

¼ de cebola roxa
2 bananas-da-terra grandes
¼ de colher (chá) de sal
pimenta-do-reino a gosto
½ pimenta-dedo-de-moça sem sementes picada
2 colheres (sopa) de suco de limão
2 colheres (sopa) de coentro picado

PREPARO

1. Descasque a cebola e corte em meias-luas finas. Transfira para um recipiente e cubra com água. Acrescente alguns cubos de gelo e reserve por cerca de 10 minutos. Colocar a cebola crua de molho na água gelada diminui sua acidez e gosto forte. Essa etapa é importante para receitas que levam cebolas cruas. Assim seu sabor não irá prevalecer.
2. Descasque a banana e corte em cubinhos. Guarde a casca para fazer a receita da página 96.
3. Transfira para um recipiente e tempere com sal, pimenta-do-reino, pimenta dedo-de-moça, sumo de limão e coentro.
4. Escorra e descarte a água da cebola. Lave as fatias em água corrente.
5. Coloque todos os ingredientes em um recipiente e misture, cubra e leve à geladeira para marinar por cerca de 15 minutos.
6. Retire da geladeira e sirva ainda gelado.

DICA Não utilize bananas muito maduras, caso contrário será difícil cortar em cubinhos, além de soltarem muito líquido durante a marinada.

MOQUECA DE CAJU

RENDE 4 PORÇÕES

INGREDIENTES

6 cajus médios
2 colheres (sopa) de azeite de dendê
1 cebola grande picada
3 tomates pequenos picados
½ pimentão verde grande cortados em tiras
½ pimenta-dedo-de-moça pequena sem sementes picada
1 colher (chá) de sal
1 colher (sopa) de suco de limão
1 ½ xícara de leite de coco
1 maço de coentro fresco picado

PREPARO

1. Lave bem os cajus e retire as castanhas. Corte as extremidades e descarte, não precisa descascar. Faça pequenos cortes no sentido do comprimento para tirar o suco. Aperte bem e recolha o suco em uma tigela; use em sucos ou chás. Corte os cajus em pedaços e reserve.
2. Aqueça o azeite de dendê em uma panela e refogue a cebola até murchar. Acrescente o tomate, o pimentão, a pimenta, o sal e o suco de limão. Misture bem e refogue até o tomate começar a soltar água.
3. Adicione o caju reservado e o leite de coco. Misture bem, tampe a panela e cozinhe por 15 minutos. Passado esse tempo, desligue o fogo e misture o coentro. Sirva em seguida.

CHUTNEY PICANTE DE MANGA

RENDE 1 XÍCARA

INGREDIENTES

⅓ de xícara de azeite
1 cebola roxa picada
2 dentes de alho amassados
1 colher (sopa) de gengibre fresco ralado
duas pitadas de pimenta calabresa
10 cravos-da-índia
5 pauzinhos de canela
1 manga grande sem casca cortada em cubos
¼ de xícara de vinagre branco
2 colheres (sopa) de açúcar demerara
sal e mostarda em grãos a gosto
uma pitada de páprica picante

PREPARO

1. Aqueça um fio de azeite em uma frigideira e refogue rapidamente a cebola e o alho. Junte o gengibre, a pimenta e as especiarias. Deixe no fogo por 5 minutos. Acrescente a manga e mexa com cuidado.
2. Adicione o vinagre, o açúcar e o azeite restante. Tempere com o sal, a mostarda e a páprica. Mexa delicadamente e cozinhe por 20 minutos ou até o líquido se reduzir. Sirva como antepasto ou acompanhamento.

47

DESAFIO #6

BOLO SEM OVO E SEM FARINHA DE TRIGO

Diz o ditado popular que não dá para fazer um bolo sem quebrar os ovos, mas não é bem assim. Para este desafio, Pati Bianco, do blog Fru-fruta, ainda eliminou outro ingrediente principal: a farinha de trigo. Sim, ela fez isso. Não, não é impossível. E os bolos ficam muito bons! Não acredita? Vire a página, preaqueça o forno, unte a fôrma e coloque a mão na massa já!

MUFFIN DE AIPIM COM CALDA DE COCO

RENDE 10 A 12 PORÇÕES

INGREDIENTES

Massa
óleo para untar
1 xícara de mandioca crua cortada em cubos
1 xícara de leite de coco caseiro
½ xícara de açúcar demerara
¼ de xícara de óleo de coco derretido
1 colher (chá) de vinagre de maçã
1 colher (chá) de extrato de baunilha
1 xícara de farinha de arroz integral
½ xícara de coco ralado seco
2 colheres (sopa) de fécula de batata
1 colher (chá) de fermento químico em pó
uma pitada de sal

Calda
½ xícara de leite de coco gelado concentrado
1 colher (sopa) de açúcar de confeiteiro
¼ de colher (chá) de goma xantana
raspas da casca de 1 limão (opcional)

PREPARO

1. Preaqueça o forno a 210 °C e unte com óleo uma assadeira com capacidade para 12 muffins.
2. Em um processador ou liquidificador, bata a mandioca, o leite de coco, o açúcar, o óleo, o vinagre e o extrato de baunilha. Reserve.
3. Em uma tigela grande, coloque os ingredientes secos. Despeje a mistura líquida e mexa com um batedor de arame até obter uma massa homogênea.
4. Divida a massa entre as cavidades untadas da assadeira (use uma concha de sorvete ou uma colher grande). Asse por 25 a 30 minutos, ou até espetar um palito e ele sair seco. Retire do forno e espere esfriar para desenformar.
5. Para fazer a calda, coloque o leite de coco gelado na batedeira e bata em velocidade média, adicionando o açúcar aos poucos e por fim a goma. O leite ficará bem cremoso. Regue a calda sobre os bolinhos e salpique as raspinhas de limão.

BOLO CREMOSO DE MILHO

RENDE 10 PORÇÕES

INGREDIENTES

2 xícaras de fubá amarelo
1 xícara de açúcar demerara
½ xícara de farinha de linhaça
1 colher (sopa) de fermento químico em pó
uma pitada de sal
1 vidro (200 ml) de leite de coco
1 ¼ xícara de água
¼ de xícara de óleo de coco derretido
1 lata (200 g) de milho verde cozido escorrido

PREPARO

1. Preaqueça o forno a 220 °C. Unte uma assadeira média.
2. Em uma tigela grande, misture os ingredientes secos.
3. Em um liquidificador, bata o leite, a água, o óleo e o milho até obter um creme homogêneo.
4. Misture o creme de milho com os ingredientes secos usando um batedor de arame ou espátula.
5. Coloque a massa na assadeira, espalhando com a espátula. A massa fica bem espessa, especialmente se for um dia frio, pois o óleo e o leite de coco tendem a endurecer.
6. Asse por 30 minutos, ou até introduzir um palito e ele sair seco.

DICA Caso utilize leite de coco caseiro, substitua a quantidade de leite e água por 2 xícaras do leite caseiro.

BOLO DE TANGERINA COM CALDA DE LIMÃO

RENDE 12 A 15 FATIAS

INGREDIENTES

óleo para untar
1 maçã sem casca e sem sementes picada
½ xícara de suco de tangerina
½ xícara de açúcar demerara
¼ de xícara de óleo de coco derretido
½ colher (sopa) de vinagre de maçã
1 xícara de farinha de arroz integral
½ xícara de quinoa em flocos
2 colheres (sopa) de fécula de batata
raspas da casca de 1 tangerina
1 colher (sopa) de fermento químico em pó

Calda
⅓ de xícara de açúcar demerara
suco de 1 limão

PREPARO

1. Preaqueça o forno a 180 °C e unte com óleo uma fôrma com furo no meio.
2. Coloque a maçã, o suco de tangerina, o açúcar, o óleo de coco e o vinagre no liquidificador e bata até ficar homogêneo. Junte a farinha, a quinoa e a fécula e bata novamente, até tudo se misturar.
3. Por último, adicione as raspas e o fermento. Bata mais um pouco até misturar bem. A massa vai começar a crescer dentro do copo do liquidificador, é normal!
4. Despeje na fôrma untada e asse por 30 minutos, ou até espetar um palito e ele sair seco. Retire do forno e espere esfriar para desenformar.
5. Enquanto isso, prepare a calda de limão. Bata o açúcar no liquidificador até que ele fique fino. Transfira para uma panela e junte o suco de limão. Leve ao fogo médio e cozinhe até ferver, mexendo para ficar mais viscoso. Regue o bolo morno com essa calda antes de servir a massa.

DICA

Use maçã gala ou fuji. Faça as raspas da casca da tangerina cuidando para não retirar a parte branca.

DESAFIO #7

FAST FOOD SEM JUNK FOOD

Chafurdar num x-salada, comer uma pizza inteira, se acabar no rodízio mexicano: quem nunca? Depois bate aquela ressaca moral e a promessa de nunca mais repetir a dose. Mas seus problemas acabaram! Com as receitas da Monica Wagner, blogueira de culinária e estilo de vida, os dias de junk food estão contados. Ela recriou delícias como hambúrguer, pizza e taco de um jeito que você nunca viu.

HAMBÚRGUER NO PÃO DE QUEIJO

RENDE 10 PORÇÕES

INGREDIENTES

Pão
¾ de xícara de batata cozida e amassada
1 ovo
5 colheres (sopa) de polvilho doce
3 colheres (sopa) de polvilho azedo
1 colher (sopa) de linhaça
4 colheres (sopa) de goma de tapioca
1 colher (sopa) de chia
1 colher (chá) de sal

Hambúrguer
¾ de xícara de patinho moído
1 colher (sopa) de cebola picada
sal rosa e pimenta-do-reino a gosto

PREPARO

1. Prepare primeiro o pão de queijo. Misture tudo e faça com a massa um formato de hambúrguer.
2. Com a carne moída (escolha uma sem gordura, como o patinho), junte 1 colher (sopa) de cebola picada e faça um formato um pouco menor que o "pão" do hambúrguer.
3. Asse o pão de queijo em forno preaquecido a 180 °C. Assar por mais ou menos 30 minutos.
4. Enquanto isso, grelhe o hambúrguer em frigideira antiaderente e tempere com sal rosa e pimenta moída na hora.
5. Agora é só fazer a montagem do seu hambúrguer com tomate, alface e o que preferir.

DICA

Na receita do pão de queijo, você pode usar batata-doce ou mandioquinha.

PIZZA QUATRO QUEIJOS
RENDE 10 PORÇÕES

INGREDIENTES

Massa
2 xícaras de buquês de couve-flor cozidos no vapor
1 xícara de frango cozido com sal e desfiado
1 colher (chá) de sal
1 colher (sopa) de linhaça
1 ovo

Recheio
¼ de xícara de mozarela picada
¼ de xícara de gorgonzola picado
¼ de xícara de requeijão cremoso
¼ de xícara de parmesão ralado

PREPARO

1. Bata a couve flor e o frango no processador ou liquidificador. Coloque essa massa em um pano limpo e esprema bem, tire todo o líquido que conseguir.
2. Acrescente o restante dos ingredientes e deixe a massa descansar por 10 minutos.
3. Abra a massa em fôrma untada, usando a ponta dos dedos. Asse a massa por 10 minutos em forno a 180 °C.
4. Retire do forno e recheie. Espalhe primeiro a mozarela, deixando uma borda de um dedo. Por cima, disponha o gorgonzola e espalhe o requeijão. Polvilhe com o parmesão por último. Leve de volta ao forno para gratinar.

DICA

Você pode cozinhar a couve-flor também no micro-ondas. Se quiser variar o recheio, use queijos diferentes e cubra com azeitona, tomate e orégano.

TACOS DE CARNE MOÍDA PICANTE

RENDE 4 PORÇÕES

INGREDIENTES

Taco
4 batatas-doces sem casca cozidas e amassadas
½ xícara de farinha de arroz
1 colher (sopa) de páprica defumada
1 colher (sopa) de linhaça hidratada em 4 colheres (sopa) de água por 30 minutos
3 ovos
1 colher (sopa) de azeite
sal e pimenta a gosto

Recheio
azeite para refogar
½ cebola sem casca picada
4 dentes de alho sem casca picados
500 g de carne moída
1 colher (sopa) de chili em pó
1 colher (chá) de sal

PREPARO

1. Comece preparando os tacos. Em uma tigela, misture a batata com a farinha, a páprica e a linhaça. Acrescente os ovos e o azeite. Misture bem até incorporar todos os ingredientes. Tempere com sal e pimenta.
2. Preaqueça o forno a 180 °C e unte uma assadeira grande.
3. Divida a massa em seis partes iguais. Modele com a mão discos de espessura média para fina e disponha na assadeira.
4. Leve ao forno e asse por 25 minutos até dourar.
5. Enquanto isso, prepare o recheio. Aqueça o azeite em uma frigideira em fogo baixo e refogue a cebola e o alho. Quando dourar, aumente para fogo alto, acrescente a carne moída e os temperos. Deixe dourar, mexendo só de vez em quando, para não soltar muita água. Desligue o fogo e reserve.
6. Retire os tacos do forno e espalhe o recheio no centro de cada disco, formando uma faixa. Enrole com cuidado e sirva em seguida.

DICA

Espere a batata cozida esfriar antes de usar na receita; se ela ainda estiver quente ou morna, vai precisar de muita farinha para dar o ponto e a massa ficará pesada. Se preferir, substitua a farinha de arroz por farinha de grão-de-bico. Incremente o taco acrescentando guacamole e sour cream para um sabor autenticamente mexicano.

DESAFIO #8

RISOTO SEM ARROZ

Se você for descendente de italianos, deve quase ter tido um ataque do coração quando leu o título deste desafio, certo? Mas *aspeta*: antes de jogar o livro longe, dê uma chance às receitas que a chef Izabel Alvares escolheu. Afinal, ela foi a grande vencedora da 2ª edição do MasterChef Brasil e sabe do que está falando. Confie em *questa bambina* porque até a *nonna* vai gostar do resultado!

QUINOTO DE ABÓBORA CABOCHA E FETA

RENDE 2 PORÇÕES

INGREDIENTES

1 ½ xícara de abóbora cabocha, cortada em cubos e sem casca
1 colher (sopa) de óleo de coco
¼ de colher (chá) de canela em pó
¼ de colher (chá) de páprica doce
sal e pimenta-do-reino a gosto
½ xícara de quinoa
1 ½ xícara de caldo caseiro (ver p. 68)
¼ de xícara de queijo parmesão ralado
100 g de feta
1 colher (sopa) de mel

PREPARO

1. Preaqueça o forno a 180 °C. Tempere a abóbora com o óleo de coco, a canela, a páprica, o sal e a pimenta e asse por 20 minutos ou até que ela fique bem cozida. Reserve.
2. Enquanto a abóbora cozinha, coloque a quinoa e o caldo coado em uma panela, misture e tampe. Cozinhe por 5-10 minutos, em fogo médio, até que a quinoa fique macia mas que ainda reste um pouquinho de caldo na panela.
3. Retire a abóbora da assadeira e amasse bem com um garfo, formando um purê.
4. Na sequência, coloque o purê de abóbora na panela com a quinoa e mexa bem.
5. Finalize com o queijo parmesão e cozinhe em fogo alto, mexendo sem parar, por 2 minutos ou até o líquido secar por completo.
6. Já no prato, salpique pedacinhos pequenos de queijo feta por cima, acerte o sal e a pimenta e finalize o prato com um fio de mel.

RISOTO DE ARROZ DE COUVE-FLOR

RENDE 2 PORÇÕES

INGREDIENTES

Caldo
1 aipo picado
1 cebola cortada em quatro
1 cenoura cortada em rodelas
1 maço de salsinha fresca (só os talos, use as folhas no risoto)
um pedacinho de bacon
alguns ramos de tomilho, louro e alecrim frescos

Risoto
1 couve-flor média
2 xícaras de caldo de legumes caseiro
1 dente de alho sem casca inteiro + 1 dente de alho sem casca picado
1 colher (sopa) de manteiga
100 g de bacon picado
½ cebola picada
2 colheres (sopa) de vinho branco seco
150 g de cogumelos frescos
50 g de creme de leite fresco
½ xícara de queijo parmesão ralado, mais um pouco para finalizar
sal e pimenta-do-reino a gosto
1 maço de salsinha fresca picadinha (só as folhas, use os talos no caldo)

PREPARO

1. Comece pelo caldo. Coloque todos os ingredientes em uma panela grande e cubra com 3 litros de água filtrada. Leve ao fogo alto até ferver, depois reduza para fogo baixo e cozinhe até reduzir ⅓ do líquido, e está pronto.
2. Rale a couve-flor crua no processador. Passe para uma frigideira funda e aquecida, coloque caldo quase até cobrir e um dente de alho inteiro. Ferva por 5 minutos, mexendo sempre, até cozinhar e secar o líquido. Retire o alho. Reserve.
3. Em outra panela, coloque a manteiga, o bacon picado, a cebola picada, o alho picado e faça um belo refogado. Quando tudo dourar, acrescente o vinho e deixe secar bem.
4. Acrescente então os cogumelos e refogue rapidamente para o cogumelo não cozinhar demais.
5. Acrescente o arroz de couve-flor pré-cozido, o creme de leite fresco e a ½ xícara de parmesão. Mexa bem. Acerte o sal (normalmente não precisa, por causa do parmesão e do bacon) e finalize com pimenta-do-reino, salsinha picada e mais um pouco de parmesão.

DICA

Guarde o caule da couve-flor para usar em outras preparações.

DESAFIO #9

COMIDA DE CHEF COM PREÇO DE PF

Em tempos de raio gourmetizador, a jornalista e pesquisadora Roberta Malta Saldanha vai na contramão e desafia os leitores a preparar três pratos que têm pinta de grã-fino mas não custam os olhos da cara. Com estas receitas, dá para preparar uma refeição completa – com entrada, prato principal e sobremesa – e fazer bonito sem ter que vender o almoço para comprar o jantar.

VITELLO TONNATO

RENDE 2 PORÇÕES

INGREDIENTES

1 kg de lombo de porco
sal e pimenta-do-reino a gosto
3 colheres (sopa) de azeite
1 xícara de vinho branco seco
1 folha de louro
1 cenoura sem casca picada
1 cebola sem casca picada
2 dentes de alho sem casca picados
1 talo de salsão picado
250 g de maionese
200 g de atum em conserva
4 filés de anchova em conserva
2 colheres (sopa) de alcaparras

PREPARO

1. Tempere a carne com sal e pimenta.
2. Em uma panela, aqueça o azeite e sele a carne por igual. Adicione o vinho, a folha de louro e os vegetais picados. Refogue ligeiramente.
3. Cubra a carne com água quente, tampe a panela e cozinhe em fogo médio/baixo por cerca de 50 minutos ou até a carne ficar macia.
4. Tire da panela, espere esfriar bem. Coe o conteúdo restante da panela. Reserve os legumes e o caldo. Descarte a folha de louro.
5. Em um liquidificador, coloque a maionese, o atum, as anchovas, metade da alcaparra, os legumes do cozimento, e junte, aos poucos, o caldo. Bata até obter um molho aveludado. Deixe esfriar.
6. Quando a carne estiver fria, corte em fatias finas. Em uma travessa, disponha as fatias em camadas, com o molho por cima. Enfeite com o restante da alcaparra. Cubra com filme de PVC e leve à geladeira.

CAMARÃO COM CHUCHU

RENDE 6 PORÇÕES

INGREDIENTES

750 g de camarões descascados, limpos e lavados
suco de 1 limão
sal e pimenta-do-reino a gosto
2 colheres (sopa) de coentro fresco picado
1 xícara de azeite de oliva
1 cebola média picada
2 dentes de alho picados
500 g de chuchu sem casca e sem miolo cortado em cubinhos
3 tomates grandes sem pele e sem sementes picados

PREPARO

1. Tempere os camarões com o suco do limão, sal, pimenta e metade do coentro. Reserve.
2. Em uma panela, aqueça o azeite em fogo alto. Doure a cebola e o alho. Acrescente o chuchu e refogue por 5 minutos. Junte o tomate. Ajuste o tempero. Abafe e cozinhe por mais 10 minutos. Se necessário, adicione um pouquinho de água quente.
3. Por fim, adicione os camarões e cozinhe até mudarem de cor. Retire do fogo e salpique com o coentro restante.

PANNA COTTA COM COULIS DE FRUTAS VERMELHAS

RENDE DE 4 A 6 PORÇÕES

INGREDIENTES

Para a panna cotta
1 fava de baunilha
2 xícaras de leite integral
2 xícaras de creme de leite fresco
2 colheres (sopa) de açúcar
4 folhas de gelatina sem sabor

Para o coulis de frutas vermelhas
350 g de frutas vermelhas
3 colheres (sopa) de açúcar
½ colher (sopa) de suco de limão
1 colher (sopa) de água

Para decorar
folhas de hortelã

PREPARO

1. Comece pela panna cotta. Corte a fava de baunilha ao meio no sentido do comprimento e raspe as sementes com a ponta da faca.
2. Em uma panela, coloque o leite, o creme de leite, o açúcar e as sementes de baunilha. Leve ao fogo baixo e aqueça, sem deixar ferver.
3. Enquanto isso, hidrate a gelatina conforme as instruções do fabricante e adicione à panela. Misture para incorporar e desligue o fogo.
4. Divida a mistura entre forminhas individuais e leve à geladeira por cerca de 4 horas.
5. Enquanto isso, bata todos os ingredientes do coulis em um liquidificador ou mixer. Passe a mistura por uma peneira, para eliminar todas as sementes. Desenforme a panna cotta e regue com o coulis. Finalize com folhas de hortelã.

77

DESAFIO #10

USAR E ABUSAR DE UM PACOTE DE ERVILHAS

Marylin Monroe que não nos ouça, mas o melhor amigo da mulher moderna não são diamantes, e sim um pacote de ervilhas congeladas. Versáteis, essas pequenas bolinhas verdes brilhantes vão do congelador direto para a panela na maioria das receitas, trazendo mais textura e frescor para o prato. Aqui, nossa equipe editorial separou três receitas que comprovam que as ervilhas são a joia mais preciosa da culinária do dia a dia.

TARTINE DE GUACA-VILHA E OVO FRITO

RENDE 4 UNIDADES

INGREDIENTES

1 colher (sopa) de manteiga
2 xícaras de ervilhas congeladas
1 cebola pequena picada
1 dente de alho picado
½ abacate sem casca picado
2 colheres (sopa) de suco de limão-siciliano
2 colheres (sopa) de coentro fresco picado

½ colher (chá) de cominho em pó
½ colher (chá) de alho em pó
½ colher (chá) de cebola em pó
¼ de colher (chá) de páprica picante
sal e pimenta-do-reino a gosto
4 ovos
4 fatias de pão tostadas

PREPARO

1. Derreta a manteiga em uma panela média e junte as ervilhas. Cozinhe por 5 minutos, até descongelarem. Junte a cebola e o alho e refogue por mais alguns minutos.
2. Transfira as ervilhas para o processador. Junte o abacate, o suco de limão, o coentro, o cominho, o alho em pó, a cebola em pó e a páprica. Bata até obter uma pasta rústica. Tempere com sal e pimenta.
3. Frite os ovos um a um, até as claras estarem firmes e as gemas ainda macias no centro. Passe uma camada generosa da guaca-vilha no pão e cubra com o ovo. Sirva em seguida.

DICA

A receita rende mais guaca-vilha do que você vai precisar para as tartines, mas isso não é problema, certo? Use o que sobrar como acompanhamento para os tacos da p. 62.

PANQUEQUINHAS DE ABOBRINHA, ERVILHA E RICOTA

RENDE 8 UNIDADES

INGREDIENTES

- 2 abobrinhas médias raladas no ralo grosso
- 1 xícara de ervilhas congeladas
- 1 colher (sopa) de azeite
- ½ cebola pequena picada
- 1 dente de alho amassado
- 1 colher (chá) de gengibre fresco ralado
- ½ colher (chá) de cominho em pó
- ½ colher (chá) de cúrcuma em pó
- ½ xícara de ricota fresca firme esmigalhada
- ¼ de xícara de farinha de trigo
- ¼ de colher (sopa) de fermento químico em pó
- 1 ovo levemente batido
- sal e pimenta-do-reino a gosto

PREPARO

1. Esprema a abobrinha com a mão para retirar o excesso de líquido. Passe as ervilhas em água corrente para descongelar. Deixe tudo escorrendo em uma peneira enquanto prepara o tempero.
2. Aqueça metade do azeite em uma frigideira antiaderente em fogo baixo. Junte a cebola, o alho e o gengibre e refogue por 3 minutos, até murcharem. Acrescente o cominho e a cúrcuma e refogue por 1 minuto, mexendo sempre, até que soltem um aroma gostoso. Passe a mistura para uma tigela com a abobrinha e a ervilha.
3. Junte a ricota, a farinha, o fermento e o ovo e misture. Se a massa ficar muito líquida, acrescente um pouco mais de farinha. Tempere com sal e pimenta.
4. Aqueça o restante do azeite na mesma frigideira que usou para refogar os temperos. Despeje colheradas de massa, aos poucos. Aperte as porções de massa para ficarem com um dedo de altura. Frite por 2 minutos de cada lado ou até que dourem e cozinhem por completo. Repita o processo até acabar a massa e sirva em seguida.

DICA

Estas panquequinhas são ótimas para levar na bolsa para um lanche rápido; se servidas com uma boa salada, tornam-se um jantar leve. Também podem servir de recheio para um sanduíche.

83

ORECCHIETTE COM PESTO DE ERVILHAS E HORTELÃ

RENDE 8 UNIDADES

INGREDIENTES

1 pacote de ervilhas congeladas
1 maço de hortelã fresco
1 xícara de queijo parmesão ralado na hora
1 dente de alho amassado
pimenta-do-reino a gosto
azeite a gosto
200 g de macarrão orecchiette
raspas da casca de 1 limão-siciliano

PREPARO

1. No processador, coloque a ervilha, a hortelã (só as folhas), o queijo e o alho. Tempere com um pouco de pimenta; deixe para conferir o sal depois, pois o queijo já é salgado.
2. Ligue o processador e despeje o azeite em um fio fino e contínuo, até os ingredientes se misturarem em uma textura rústica. Se quiser obter uma pasta mais cremosa, bata mais. Experimente e tempere com sal, se necessário. Reserve.
3. Cozinhe o macarrão de acordo com as instruções do fabricante. Quando estiver al dente, reserve 1 xícara da água do cozimento e escorra a massa.
4. Transfira a massa para uma tigela e misture o pesto. Se necessário, despeje uma colherada da água do cozimento reservada para soltar o molho. Polvilhe com as raspas de limão e sirva em seguida.

DICA

Sirva este prato com tirinhas de presunto cru, fatias de salmão defumado ou bacon frito e esmigalhado.

DESAFIO #11

RECEITAS COM CHÁ

Usar bebidas milenares para preparar receitas deliciosas é o desafio que a chef e professora Ana Spengler propõe nas próximas páginas. Como pesquisadora de harmonização entre alimentos e chá, Ana vai levar os destemidos cozinheiros para uma jornada rumo aos sabores do Oriente através de pratos salgados e doces que passam pela China, pelo Japão e terminam na Índia. Prepare o passaporte, o bule e as panelas e embarque nessa viagem.

CREME DE ABÓBORA COM LAPSANG SOUCHONG

RENDE 8 PORÇÕES

INGREDIENTES

2 litros de caldo de legumes
2 colheres (sopa) de lapsang souchong (ver dica)
1 abóbora cabotiá
2 batatas
2 cebolas
3 colheres (sopa) de azeite
sal e pimenta-do-reino moída na hora

PREPARO

1. Em um caldeirão grande, aqueça o caldo de legumes. Antes de ferver, acrescente o chá, tampe a panela e deixe em infusão por 10 minutos.
2. Enquanto isso, descasque a abóbora (descarte as sementes) e as batatas e corte em cubos. Descasque e pique grosseiramente as cebolas.
3. Leve uma panela de fundo grosso ao fogo médio e aqueça o azeite. Junte a cebola e doure até escurecer as bordas. Acrescente a abóbora e a batata e refogue por alguns minutos. Coe o caldo na panela e tampe. Reduza para fogo baixo e deixe cozinhar até que os cubos comecem a desmanchar.
4. Transfira os legumes cozidos para o liquidificador, junte metade do caldo e bata até ficar homogênco. Se o seu liquidificador não comportar tudo de uma vez, bata aos poucos; se preferir, use um mixer e bata os legumes enquanto estiverem na panela.
5. Leve o creme de volta ao fogo baixo. Tempere com sal e pimenta e sirva quente.

DICA Lapsang Souchong é um chá preto chinês, original da província de Fujian. Na etapa final de processamento, as folhas terminam de ser secadas dentro de cestos de bambu colocados sobre fogueiras de pinho, o que confere ao chá seu característico sabor defumado.

NHOQUE DE MATCHA

RENDE 8 PORÇÕES

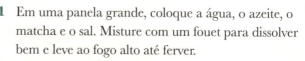

INGREDIENTES

- 4 xícaras de água
- ¼ de xícara de azeite
- 2 colheres (sopa) de matcha (ver dica)
- 1 colher (chá) de sal
- 4 xícaras de farinha trigo
- 5 ou 6 folhas de sálvia fresca

PREPARO

1. Em uma panela grande, coloque a água, o azeite, o matcha e o sal. Misture com um fouet para dissolver bem e leve ao fogo alto até ferver.
2. Assim que levantar fervura, despeje a farinha de trigo de uma vez e mexa vigorosamente até incorporar. Quando começar a soltar do fundo da panela, desligue o fogo.
3. Espere a massa esfriar o suficiente para poder amassar com as mãos. Então sove a massa sobre uma bancada por 5 minutos, até ficar lisa e macia.
4. Separe porções de massa e modele cordões de cerca de 2 cm de diâmetro. Com uma faca ou uma espátula, corte em pedaços de 3 cm. Se quiser, use um garfo para marcar ranhuras na superfície.
5. Encha um caldeirão com água e um punhado de sal e leve ao fogo alto. Quando ferver, cozinhe os nhoques até que subam à superfície. Retire com uma escumadeira e reserve.
6. Quando todos estiverem cozidos, aqueça um fio de azeite em uma frigideira, junte a sálvia e doure levemente os nhoques. Sirva em seguida

DICA

Matchá é um chá verde em pó, produzido no Japão a partir de folhas que foram cultivadas à sombra – o que lhe confere a coloração verde intensa característica e acentua a doçura natural da planta. Tradicionalmente consumido na cerimônia do chá, o matchá tem sido amplamente explorado na culinária, aportando cor e sabor.

CHAI BANANA BREAD

RENDE 8 A 10 FATIAS

INGREDIENTES

Chai
150 ml de leite
1 colher (chá) de chá preto
mix de especiarias (por exemplo, anis-estrelado, pau de canela, cravo-da-índia inteiro, bagas de cardamomo)

Massa
100 g de manteiga em temperatura ambiente
1 xícara de açúcar
2 ovos
2 bananas-nanica amassadas
2 xícaras de trigo
½ xícara de nozes, amêndoas ou avelãs sem casca picadas
1 colher (chá) de fermento químico em pó

PREPARO

1. Comece preparando o chai (ver dica): coloque o leite, o chá e as especiarias em uma panelinha e leve ao fogo alto. Quando ferver, reduz para fogo baixo e cozinhe por 3 minutos. Coe e reserve.
2. Preaqueça o forno a 180 °C. Unte com manteiga uma fôrma de pão ou bolo inglês e polvilhe farinha de trigo.
3. Na tigela da batedeira, coloque a manteiga e o açúcar e bata até obter um creme homogêneo. Adicione os ovos, um a um, a banana amassada e o chai, batendo bem depois de cada adição.
4. Acrescente a farinha de trigo em duas levas e bata só para incorporar. Desligue a batedeira e junte as nozes e o fermento, misturando à mão com uma espátula.
5. Despeje a massa na fôrma preparada e leve ao forno preaquecido por 35 minutos, ou até que, inserindo um palito no centro da massa, ele saia limpo.

DICA

Chai é resultado da fusão de duas culturas: a inglesa e a indiana. Ferver o leite com especiarias já era um hábito indiano, por ser uma maneira de conservar o produto e pela ação antisséptica. Com a exploração colonial britânica, o consumo do chá foi introduzido na Índia e acrescentou-se o chá preto à mistura.

DESAFIO #12

UM ALMOÇO COM CASCAS, FOLHAS E TALOS

"Dize-me o que jogas no lixo e te direi como cozinhas." O provérbio não é bem esse, mas essa é a mensagem que a designer Cristal Muniz, criadora do blog Um Ano Sem Lixo, quer passar neste desafio. A ideia é sair da caixa e mergulhar na sacola da feira para aproveitar bananas, laranjas e cenouras de cabo a rabo, ou melhor, de casca à rama.

BRUSCHETTAS COM CARNE LOUCA DE CASCA DE BANANA

INGREDIENTES

4 bananas-caturra ou bananas-nanica (só as cascas; use a polpa na receita de sorvete da p. 100)
1 cebola sem casca picada
2 dentes de alho sem casca picados
1 cenoura com casca ralada
2 pimentões pequenos cortados em cubinhos
sal, cominho, louro, pimenta-do-reino e páprica picante a gosto
1 colher (sopa) de shoyu
1½ xícara de molho de tomate
pães novinhos para torrar em fatias ou pães velhinhos para transformar em massa e reaproveitar

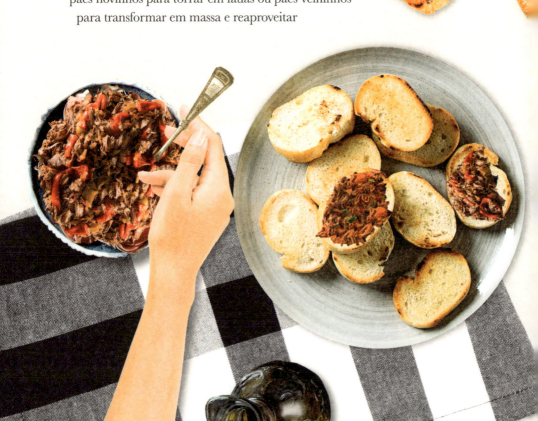

PREPARO

1. Desfie as cascas de banana com um garfo. Corte em duas ou três partes para obter fios não muito longos.
2. Em uma panela, doure a cebola e o alho picados até ficarem levemente dourados. Adicione as cascas de banana e cozinhe por cerca de 5 minutos.
3. Adicione a cenoura, o pimentão e os temperos. Deixe dourar por cerca de 3 minutos, mexendo de vez em quando.
4. Adicione o molho de tomate e um pouquinho de água caso fique muito seco. Cozinha por cerca de 30 minutos, conferindo sempre para não secar e queimar.
5. Se você usar pão novinho, corte em tiras de cerca de 2 cm e torre. Sirva com a carne louca por cima em porções individuais.
6. Se você tiver pão velho em casa, pode aproveitar e reutilizar. Misture cerca de 400 g de pão com água morna em uma tigela. Quando amolecer, esprema o excesso de água. Coloque o pão em forminhas untadas, modelando uma cestinha, e asse por 15 minutos ou até ficar douradinho e crocante. Recheie com a carne louca de casca de banana.

DICA

Use as cascas de cebola e alho para dar sabor ao molho de tomate: refogue-as em um pouco de azeite, junte o molho e deixe apurando por 10 minutos em fogo baixo.

TORTA DE FOLHAS DE CENOURA COM PURÊ DE CENOURA E GENGIBRE

INGREDIENTES

Massa
- 1 xícara de água
- 1 colher (sopa) de linhaça moída deixada de molho em 2 colheres (sopa) de água
- ½ xícara de óleo vegetal
- 1 maço de folhas de cenoura picado (mais ou menos 2 xícaras; use as cenouras no recheio)
- 1 xícara de farinha de trigo
- 1 xícara de farinha de trigo integral
- 1 colher (chá) de fermento químico em pó

Recheio
- 1 maço de cenouras (use as folhas na massa)
- 1 batata grande
- 1 cebola média
- 2 dentes de alho
- 1 colher (sopa) de gengibre cortado em pedaços grandes
- sal e azeite a gosto
- ½ maço de brócolis comum (não use o tipo japonês) picado
- 1 alho-poró picado
- 1 colher (sopa) de shoyu

PREPARO

1. Preaqueça o forno a 180 °C.
2. Comece pela massa. Coloque no liquidificador os ingredientes nesta ordem: água, farinha de linhaça, óleo e metade das folhas de cenoura já picadas grosseiramente. Bata até misturar bem e vá adicionando metade das farinhas aos poucos.
3. Transfira para uma tigela e junte o restante da farinha e das folhas e o fermento. Misture com a mão até obter uma massa homogênea.
4. Com a massa, forre o fundo e a lateral de uma assadeira redonda com fundo falso de 2 cm de altura.
5. Leve ao forno e asse por 35 minutos, até dourar. Retire e reserve.
6. Enquanto isso, prepare o recheio.
7. Corte a cenoura, a batata e a cebola em cubos. Coloque esses legumes em uma panela grande, junte o alho e o gengibre e cubra com água. Leve ao fogo médio e cozinhe até ficarem macios. Escorra e reserve a água do cozimento.
8. Retire os pedaços de gengibre e descarte. Coloque todo o restante no liquidificador e bata, adicionando a água do cozimento aos poucos até obter um purê. Tempere com sal e regue com um fio de azeite de oliva pra incrementar a textura. Reserve.
9. Aqueça um fio de azeite em uma frigideira bem quente e doure os brócolis e o alho-poró; não adicione sal para eles não perderem água e ficarem crocantes. Desligue o fogo e tempere com o shoyu.
10. Para montar a torta, espalhe o recheio sobre a massa assada e disponha por cima a mistura de brócolis e alho-poró refogados. Sirva em seguida.

SORVETE DE BANANA COM LARANJA

INGREDIENTES

4 bananas-caturras ou bananas-nanicas maduras (só a polpa; use as cascas na receita da p. 96)
2 laranjas médias
¼ de xícara de açúcar

PREPARO

1. Corte as bananas em rodelas e leve ao congelador por, no mínimo, 1 hora.
2. Esprema o suco das laranjas e coloque em uma panela. Pique as cascas em cubinhos bem pequenininhos e junte à panela. Adicione o açúcar e leve ao fogo médio. Cozinhe por 15 minutos, até encorpar. Desligue o fogo e espere esfriar um pouco.
3. Retire a banana do congelador e coloque no processador. Despeje a calda morna e bata até incorporar.
4. Transfira para uma tigela e leve ao congelador para firmar. Na hora de servir, modele bolinhas e sirva em seguida.

DESAFIO #13

TRÊS CLÁSSICOS COM TRÊS INGREDIENTES

Chegou a hora de levar a regra do "menos é mais" ao extremo: apenas três ingredientes para preparar pratos clássicos da gastronomia francesa. Embora as receitas tenham sido adaptadas para este desafio, elas não devem nada às versões originais em termos de sabor e ganham de longe quando o quesito é praticidade. Prepare o biquinho e as panelas e *oh là là!*

FETTUCCINE ALFREDO

RENDE 2 A 3 PORÇÕES

INGREDIENTES

350 g de fettuccine fresco
2 colheres (sopa) de manteiga
200 g de queijo parmesão ou meia cura ralado na hora

PREPARO

1. Coloque em uma panela 4 litros de água e 2 colheres (sopa) de sal. Leve ao fogo. Quando levantar fervura, junte o fettuccine e cozinhe durante 2 minutos. Separe 1 xícara da água do cozimento e reserve.

2. Em uma travessa, coloque a metade da manteiga, ¾ do queijo ralado e um pouco da água do cozimento da massa, apenas o suficiente para obter uma mistura cremosa e fluida.

3. Disponha o macarrão por cima do molho obtido e polvilhe com o restante do queijo. Misture imediatamente com a ajuda de um garfo e uma colher, fazendo o movimento de baixo para cima. Se a mistura estiver muito espessa, acrescente um pouco mais do caldo do cozimento. Sirva em seguida.

DICA

O queijo derrete a uma média de 80 °C; tome cuidado para não ultrapassar essa temperatura. Se o calor for muito intenso, a proteína do queijo vai se separar da gordura e deixar uma textura de "chiclete". Caso a temperatura não atinja o mínimo, o resultado será igualmente desastroso: a mistura não ficará cremosa.

FILÉ-MIGNON AO MOLHO DE MOSTARDA

RENDE 2 A 3 PORÇÕES

INGREDIENTES

4 medalhões de filé-mignon temperados com sal e pimenta-do-reino
1 ½ xícara de creme de leite fresco
½ xícara de mostarda escura em grãos

PREPARO

1. Aqueça uma frigideira em fogo alto. Quando estiver bem quente, sele os medalhões um a um desta forma: coloque um medalhão na frigideira e deixe dourar. Quando a carne se soltar naturalmente do fundo da panela, é sinal de que está pronta e você pode virar para dourar o outro lado. Vire o medalhão e espere novamente a carne se soltar sozinha. Retire da frigideira e mantenha em local aquecido. Repita o procedimento com os demais medalhões.

2. Quando terminar de grelhar toda a carne, reduza para fogo baixo e despeje o creme de leite. Com uma espátula ou colher de pau, raspe o fundo da panela para deglacear, ou seja, soltar o queimadinho da carne, e dar sabor ao molho.

3. Assim que o creme de leite começar a borbulhar, junte a mostarda e misture bem. Acerte o sal e sirva em seguida, despejando o molho sobre os medalhões reservados.

DICA Para o medalhão ficar suculento, a carne precisa estar em temperatura ambiente, ou seja, tire os medalhões da geladeira com antecedência. Se a peça de carne for muito alta, reduza o fogo para cozinhar o centro.

MUSSE DE CAFÉ E CHOCOLATE

RENDE 4 PORÇÕES

INGREDIENTES

1 tablete (200 g) de chocolate meio amargo picado
1 colher (sopa) de café coado forte
4 ovos, gemas e claras separadas

PREPARO

1. Coloque o chocolate picado em um refratário e aqueça em banho-maria ou no micro-ondas até derreter bem, mas sem ferver. Desligue o fogo, misture o café e deixe esfriar um pouco.
2. Enquanto isso, separe as gemas e as claras em dois recipientes. Bata as claras em neve até obter picos firmes, por mais ou menos 5 minutos. Reserve.
3. Adicione as gemas uma a uma ao preparado de chocolate morno, mexendo bem após cada adição. Com uma colher grande, acrescente um pouco das claras em neve ao chocolate e misture delicadamente. Incorpore o restante das claras e misture até obter um creme fofo.
4. Divida em quatro taças e leve à geladeira por pelo menos 1 hora antes de servir, ou até firmar.

DESAFIO #14

CHURRASCO SEM CARNE

Se as únicas atrações do seu churrasco são as carnes, está na hora de ampliar o repertório e acrescentar outras divas a esse espetáculo. O desafio é transformar legumes em grandes estrelas para dividir o palco com os queridinhos do público – tarefa que fica mais glamorosa se você seguir o caminho da fama que a nossa equipe traçou nas próximas páginas. Aposte nestas receitas e aproveite a glória e a fama!

MEDALHÃO DE PORTOBELLO GRELHADO COM CHIMICHURRI

RENDE 4 PORÇÕES

INGREDIENTES

4 cogumelos portobello grandes
4 colheres (sopa) de azeite
suco de 1 limão-siciliano
sal e pimenta-do-reino a gosto

Molho

½ xícara de salsinha seca
½ xícara de orégano seco
2 colheres (sopa) de cebola em flocos
1 colher (sopa) de pimenta calabresa (em flocos)
1 colher (sopa) de alho em flocos
1 folha de louro seco esmigalhada
2 colheres (sopa) de vinagre
½ xícara (chá) de azeite
½ xícara (chá) de água
½ colher (sopa) de sal

PREPARO

1. Apare os cogumelos, descartando os cabinhos. Arrume-os em uma travessa larga um ao lado do outro com o chapéu virado para baixo, sem sobrepô-los. Regue com o azeite e o suco de limão e tempere com sal e pimenta. Deixe marinar por uns 20 minutos, enquanto prepara o molho e aquece a grelha.
2. Em uma tigela, coloque todos os ingredientes do molho pela ordem e misture bem ao final para incorporar tudo. Reserve.
3. Leve os cogumelos à grelha quente e asse até dourar. Sirva em seguida com o molhinho reservado.

DICA

Se quiser fazer o cogumelo no forno, asse a 200 °C por 20 minutos, virando na metade do tempo para dourar dos dois lados.

FILÉ DE BERINJELA COM MOLHO VINAGRETE

RENDE 4 PORÇÕES

INGREDIENTES

1 berinjela grande ou 2 médias
sal a gosto
3 colheres (sopa) de azeite
2 colheres (sopa) de molho inglês
1 colher (chá) de cúrcuma

Molho

1 bandeja de tomates cereja cortados ao meio
1 cebola sem casca bem picada
½ xícara de pimentão vermelho sem sementes picado
¼ de xícara de azeite
1 colher (sopa) de suco de limão
1 maço de salsinha picada
sal e pimenta-do-reino a gosto

PREPARO

1. Apare as extremidades da berinjela e descarte-as. Com uma faca afiada, corte a berinjela no sentido do comprimento, obtendo fatias com um dedo de espessura.
2. Tempere os dois lados de cada fatia com sal. Coloque as fatias em uma grelha apoiada sobre uma assadeira. Deixe assim por 30 minutos para escorrer o excesso de líquido.
3. Passado esse tempo, lave a berinjela para retirar o excesso de sal e seque bem com papel-toalha. Disponha as fatias lado a lado em uma assadeira, sem sobrepor e com pelo menos dois dedos de espaço entre elas.
4. Misture o azeite, o molho inglês e a cúrcuma em uma tigelinha e pincele essa mistura sobre a berinjela. Leve os filés de berinjela à grelha, afastados do fogo direto, e asse até dourar.
5. Para fazer o molho, misture todos os ingredientes em uma tigelinha e sirva com a berinjela ainda morna.

DICA

Para assar a berinjela em casa, ligue o forno a 200 °C e asse por 20 minutos. Vire as fatias e asse por mais 10 minutos para dourar o outro lado.

T-BONE DE COUVE-FLOR AO MOLHO TÁRTARO

RENDE 4 PORÇÕES

INGREDIENTES

1 couve-flor grande inteira
sal e pimenta-do-reino a gosto
1 colher (sopa) de azeite

Molho
1 pote de iogurte grego natural sem açúcar
½ xícara de maionese
suco de 1 limão-siciliano
1 maço de cheiro-verde picado
1 colher (sopa) de alcaparra escorrida picada
1 colher (sopa) de mostarda
1 colher (sopa) de pepino em conserva (picles) picado

PREPARO

1. Retire as folhas da couve-flor com cuidado, pois o centro deve ficar intacto; na hora de cortar, é o talo que vai segurar os buquês para formar o "t-bone".
2. Com uma faca comprida e afiada, corte a couve-flor ao meio no sentido do comprimento, depois corte fatias paralelas de mais ou menos 2 cm. Cuidado para não desmanchar o "t-bone". Tempere a couve-flor com sal e pimenta.
3. Pincele a couve-flor com o azeite. Quando a grelha estiver bem quente, coloque a couve-flor e doure por 3 a 5 minutos, até ficar bem tostado. Vire com cuidado e doure por mais alguns minutos.
4. Antes de servir, misture todos os ingredientes do molho em uma tigelinha e leve à mesa com os "t-bones" de couve-flor.

116

DICA: Para fazer no fogão, aqueça o azeite em uma frigideira grande. Quando estiver bem quente, coloque a couve-flor e doure por 3 a 5 minutos, até ficar tostadinha. Vire e doure o outro lado por mais alguns minutos e sirva em seguida.

DESAFIO #15

UM BOLO DE TRÊS ANDARES

Nossa lista de desafios está chegando ao fim, mas sempre tem lugar para bolo, né? Ainda mais porque não é um bolo qualquer, e sim um naked cake de TRÊS andares com DOIS tipos de brigadeiro. Quem fecha este livro com chave de ouro é a confeiteira Franciele Oliveira, do blog Flamboesa, que ensina tim-tim por tim-tim como montar essa gostosura para comemorar em grande estilo a conquista de todos esses desafios.

NAKED CAKE DE DOIS BRIGADEIROS

INGREDIENTES

Para a massa
3 ovos
1 xícara de açúcar
2 colheres (chá) de extrato de baunilha
½ xícara de óleo
2 xícaras de farinha de trigo
¾ de xícara de chocolate em pó 50% cacau
uma pitada de sal
1 xícara de leite
2 colheres (chá) de fermento químico em pó

Para o recheio de brigadeiro branco
2 latas de leite condensado
1 colher (sopa) de manteiga
uma pitada de sal
5 colheres (sopa) de creme de leite (de caixinha)

Para os brigadeiros
1 lata de leite condensado
1 colher (sopa) de manteiga
uma pitada de sal
2 colheres (sopa) de chocolate em pó 50% cacau
confeitos de chocolate para decorar

Para a cobertura de ganache
200 g de chocolate ao leite
½ caixinha (100 g) de creme de leite

Para umedecer o bolo
3 colheres (sopa) do licor de sua preferência

120

121

PREPARO

Massa

1 Coloque os ovos, o açúcar e a baunilha na tigela da batedeira. Bata em velocidade alta até obter um creme pálido. Adicione o óleo e bata mais um pouco até misturar bem.

2 Enquanto isso, peneire a farinha, o chocolate e o sal em uma tigela.

3 Diminua a velocidade da batedeira e junte os ingredientes peneirados aos poucos, alternando com o leite. Por último, acrescente o fermento e misture.

4 Preaqueça o forno a 180 °C. Unte com manteiga e enfarinhe com cacau em pó três assadeiras redondas de fundo falso com 15 cm de diâmetro. Forre o fundo com papel-manteiga para ajudar a desenformar.

5 Distribua a massa igualmente entre as assadeiras. Leve ao forno e asse por 20 a 30 minutos; faça o teste do palito: espete-o no centro da massa e, se sair limpo, está pronto.

6 Retire do forno e deixe esfriar um pouco em local protegido antes de desenformar. Reserve.

Recheio

1 Coloque o leite condensado, a manteiga e o sal em uma panela média. Leve ao fogo baixo e cozinhe, mexendo sempre, até desprender do fundo da panela; esse é o ponto de brigadeiro de enrolar. Adicione o creme de leite, misture bem e desligue o fogo.

2 Transfira para uma tigela e cubra com filme de PVC, encostando o plástico na superfície do brigadeiro para não criar película.

3 Espere esfriar e coloque em um saco de confeitar. Reserve até a hora de rechear o bolo.

PREPARO

Brigadeiros

1. Coloque todos os ingredientes em uma panela média e leve ao fogo baixo. Cozinhe, mexendo sempre, até desprender do fundo da panela.
2. Transfira a massa para um prato untado com manteiga e deixe esfriar. Cubra com filme de PVC e leve à geladeira por pelo menos 1 hora antes de enrolar, assim a massa ficará mais firme e seus brigadeiros ficarão mais redondinhos.
3. Para enrolar os brigadeiros, unte a palma da mão com manteiga e modele bolinhas do tamanho de uma bolinha de gude. Passe os brigadeiros pelo confeito de chocolate e reserve.

Cobertura de ganache

1. Derreta o chocolate em banho-maria. Para isso, encha uma panela média com dois dedos de água. Encaixe uma tigela refratária na boca da panela de modo que o fundo não encoste na água. Leve esse conjunto ao fogo baixo.
2. Pique o chocolate e coloque dentro da tigela. Mexa com cuidado até o chocolate derreter. Então adicione o creme de leite e misture bem até que obter uma mistura lisa e brilhante. Desligue o fogo e reserve.

COMO MONTAR O BOLO

1. Desenforme as três massas de bolo e verifique se o topo está bem retinho. Se não estiver, use uma faca de serra para cortar a parte abaulada.
2. Coloque uma das massas no prato que for servir e pincele com um pouco de licor.
3. Com o saco de confeitar, distribua metade do recheio fazendo uma espiral do centro para fora. Cubra com outra massa, pressionando delicadamente para assentar.
4. Espalhe a outra metade do recheio, repetindo o procedimento anterior, e disponha a última massa.
5. Despeje a cobertura de ganache no centro do topo do bolo e use uma espátula lisa para espalhá-la em direção às bordas. Não tem problema se escorrer um pouco para os lados, é isso que vai dar charme para o seu bolo! Decore com os brigadeiros enrolados e sirva.

ÍNDICE

BOLO CREMOSO DE MILHO 52

BOLO DE CHOCOLATE 28

BOLO DE TANGERINA COM CALDA DE LIMÃO 54

BOLO NA TAÇA 14

BRUSCHETTAS COM CARNE LOUCA DE CASCA DE BANANA 96

CAMARÃO COM CHUCHU 74

CEVICHE TROPICAL DE BANANA-DA-TERRA 42

CHAI BANANA BREAD 92

CHEDDAR DE ABÓBORA 20

CHUTNEY PICANTE DE MANGA 46

CREME DE ABÓBORA COM LAPSANG SOUCHONG 88

CRUMBLE DE MAÇÃ, AMEIXA E FRUTAS VERMELHAS 12

FETTUCCINE ALFREDO 104

FILÉ DE BERINJELA COM MOLHO VINAGRETE 114

FILÉ-MIGNON AO MOLHO DE MOSTARDA 106

HAMBÚRGUER NO PÃO DE QUEIJO 58

MACARRÃO THAI 34

MEDALHÃO DE PORTOBELLO GRELHADO COM CHIMICHURRI 112

MINICUSCUZ DE ALCACHOFRA E BANANA 30

MIX MAR E TERRA 36

MOQUECA DE CAJU 44

126

MUFFIN DE AIPIM COM CALDA DE COCO 50

MUSSE DE CAFÉ E CHOCOLATE 108

NAKED CAKE DE DOIS BRIGADEIROS 120

NHOQUE DE MATCHA 90

ORECCHIETTE COM PESTO DE ERVILHAS E HORTELÃ 84

PANNA COTTA COM COULIS DE FRUTAS VERMELHAS 76

PANQUEQUINHAS DE ABOBRINHA, ERVILHA E RICOTA 82

PIZZA QUATRO QUEIJOS 60

QUEIJO PARMESÃO RALADO 22

QUINOTO DE ABÓBORA CABOCHA E FETA 66

RICOTA DE MACADÂMIA 18

RISOTO DE ARROZ DE COUVE-FLOR 68

RISOTO DE COGUMELOS 38

SORVETE DE BANANA COM LARANJA 100

T-BONE DE COUVE-FLOR AO MOLHO TÁRTARO 116

TACOS DE CARNE MOÍDA PICANTE 62

TARTINE DE GUACA-VILHA E OVO FRITO 80

TORTA DE CHOCOLATE 10

TORTA DE FOLHAS DE CENOURA COM PURÊ DE CENOURA E GENGIBRE 98

TRUFA DE CHOCOLATE 26

VITELLO TONNATO 72

PARABÉNS!

Agora que você chegou ao fim do livro, que tal compartilhar as suas conquistas com os outros leitores? Poste as fotos das suas criações nas redes sociais usando #DesafiosCulinarios e marque a @editoraalaude.